Mi mundo

El tiempo

Ann Peat

Traducción de Sara Cervantes-Weber

Heinemann Library
Chicago, Illinois

Customer Service 888-454-2279

Visit our website at www.heinemannlibrary.com

Printed and bound in China by South China Printing Company Ltd.

09 08 07 06
10 9 8 7 6 5 4 3 2

Library of Congress Cataloging-in-Publication Data
Peat, Ann.
　　　[Time. Spanish]
　　　El tiempo / Ann Peat; traducción de Sara Cervantes-Weber.
　　　　　　p. cm.
　　　ISBN 1-4034-6731-5 (hc) -- ISBN 1-4034-6736-6 (pbk.)
1. Time -- Juvenile literature. I. Title.
QB209.5.P4318 2005
529'.7 -- dc22

　　　　　　　　　　　　　　　　　　　　　2004056993

Acknowledgments
The publisher would like to thank the following for permission to reproduce photographs: Action Plus p. 4; Trevor Clifford p. 5; Corbis/Kevin Fleming p. 17; Digital Vision p. 19; Sylvia Cordaiy Photo Library p. 8; Topham Picturepoint p. 6; Tudor Photography pp. 7, 9, 16, 18, 20, 21, 22, 23; Brian Warling p. 10, 11, 12, 13, 14, 15.

Cover photograph reproduced with permission of Tudor Photography.

Every effort has been made to contact copyright holders of any material reproduced in this book. Any omissions will be rectified in subsequent printings if notice is given to the publisher.

Many thanks to the teachers, library media specialists, reading instructors, and educational consultants who have helped develop the Read and Learn/Lee y aprende brand.

Special thanks to our bilingual advisory panel for their help in the preparation of this book:

Aurora Colón García
Literacy Specialist
Northside Independent School District
San Antonio, TX

Leah Radinsky
Bilingual Teacher
Inter-American Magnet School
Chicago, IL

Ursula Sexton
Researcher, WestEd
San Ramon, CA

Unas palabras están en negrita, **así**.
Las encontrarás en el glosario en fotos de la página 23.

Contenido

¿Cuánto tiempo se lleva?

Algunas cosas pasan rápidamente.

Cuando vas en una carrera, corres rápido en poco tiempo.

Otras cosas se llevan más tiempo.

Un viaje por tren puede tardar un día o más.

¿Qué pasa durante el día?

La luz del sol brilla durante el día.

Mucha gente sale a trabajar
de día.

La mayoría de los niños van a la escuela en el día.

Estos niños están jugando afuera de su escuela.

¿Qué pasa durante la noche?

Cuando es de noche, afuera está todo oscuro.

A veces se pueden ver la luna o las estrellas en el cielo.

Hay que encender la luz para poder ver de noche.

La mayoría de las personas duermen de noche.

¿Qué pasó ayer?

El día de ayer transcurrió justo antes del día de hoy.

Estas personas fueron de compras ayer.

Compraron cosas para hacer un pastel.

Y tú, ¿qué hiciste ayer?

¿Qué está pasando hoy?

Hoy es el día que está transcurriendo en este momento.

Estas personas están usando hoy lo que compraron ayer.

Hoy están preparando el pastel.

Y tú, ¿qué estás haciendo hoy?

¿Qué pasará mañana?

El día de mañana va a transcurrir cuando termine el día de hoy.

Mañana habrá fiesta.

Mañana van a comer pastel.

Y tú, ¿qué vas a hacer mañana?

¿Cuáles son los días de entre semana?

Hay cinco días de entre semana.

Los niños van a la escuela entre semana.

lunes   martes   miércoles

La mayoría de la gente trabaja
entre semana.

jueves   viernes

¿Qué es el fin de semana?

El fin de semana tiene dos días.

Casi nadie va a la escuela en sábado ni en domingo.

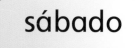

sábado

Durante el fin de semana,
las familias suelen pasar más
tiempo juntos.

domingo

¿Qué usamos para medir el tiempo?

El reloj mide los minutos y las horas que transcurren en el día.

Hay **relojes** de pared y **relojes de pulsera**.

El **calendario** muestra los días, las semanas y los meses.

Los calendarios indican todos los días que transcurren durante un año.

¿Qué hora es?

¿Cuáles son las horas que muestran estos relojes?

Y tú, ¿qué haces normalmente a esas mismas horas?

Glosario en fotos

calendario
página 21
hoja impresa o libro que muestra
los días y meses del año

reloj
páginas 20, 22
aparato que se pone en un
lugar visible. Sirve para decir
la hora.

reloj de pulsera
página 20
aparato pequeño que dice la
hora. Como tiene una correa, se
puede usar en la muñeca.

Nota a padres y maestros

El aprendizaje empieza con una pregunta. Cada capítulo de este libro empieza con una pregunta. Lean la pregunta juntos, miren las fotos y traten de contestar la pregunta. Después, lean y comprueben si sus predicciones son correctas. Ayude a los niños a usar el glosario en fotos y el índice para practicar nuevas destrezas de vocabulario y de investigación.

Índice